Impressum
Verlag: BABADADA GmbH, Nedderfeld 112 , 22529 Hamburg
Geschäftsführer / Verlagsleitung: Harald Hof
Druck: Books on Demand GmbH, In de Tarpen 42, 22848 Norderstedt

Imprint
Publisher: BABADADA GmbH, Nedderfeld 112 , 22529 Hamburg, Germany
Managing Director / Publishing direction: Harald Hof
Print: Books on Demand GmbH, In de Tarpen 42, 22848 Norderstedt

okul

sekolah

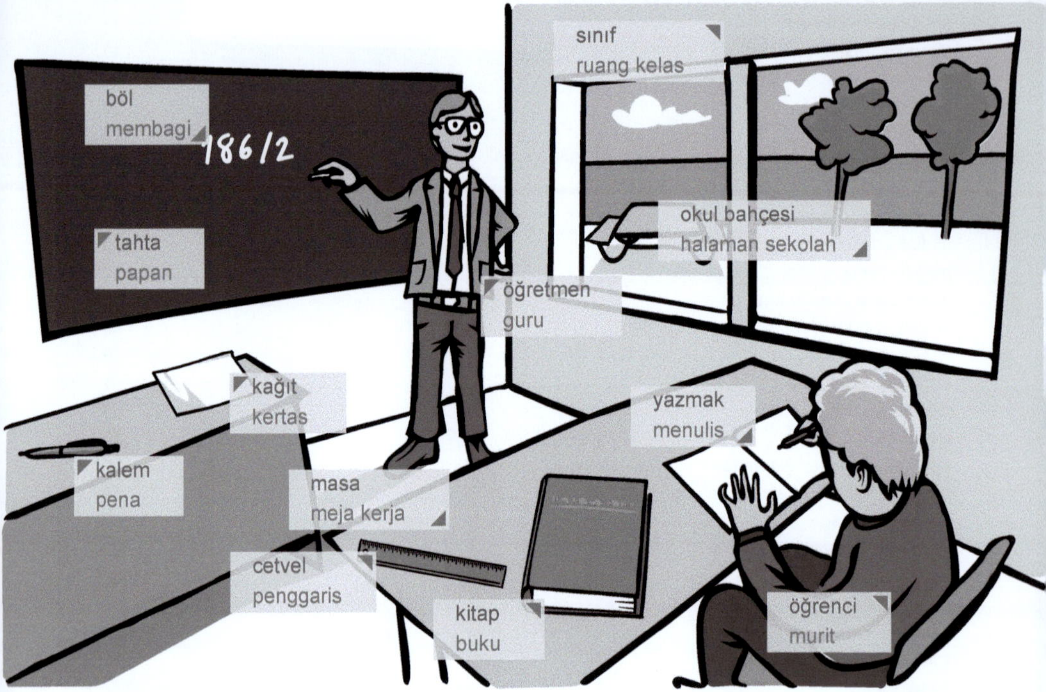

böl
membagi
186/2
tahta
papan
sınıf
ruang kelas
okul bahçesi
halaman sekolah
öğretmen
guru
kağıt
kertas
yazmak
menulis
kalem
pena
masa
meja kerja
cetvel
penggaris
kitap
buku
öğrenci
murit

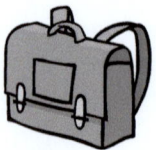

okul çantası

tas sekolah

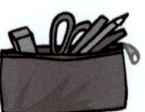

kalemlik

tempat pensil

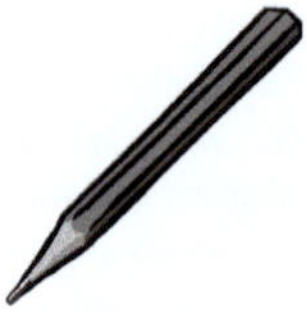

kurşun kalem

pensil

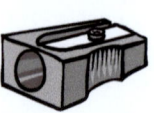

kalem açacağı

pengasah pensil

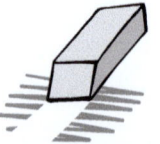

silgi

penghapus

çizim defteri

kertas gambar

çizim

gambar

resim fırçası

kuas

boya kutusu

kotak cat

makas

gunting

tutkal

lem

alıştırma kitabı

buku latihan

ödev

pekerjaan rumah

12

sayı

angka

2+2

ekle

tambhakan

5-2

çıkar

mengurangi

2×2

çarp

mengalikan

hesapla

menghitung

A

harf

huruf

ABCDEFG
HIJKLMN
OPQRSTU
VWXYZ

alfabe

alfabet

kelime

kata

metin
....
teks

okumak
....
membaca

tebeşir
....
kapur

ders
....
pelajaran

kayıt
....
daftar

sınav
....
ujian

sertifika
....
sertifikat

okul forması
....
seragam sekolah

eğitim
....
pendidikan

ansiklopedi
....
ensiklopedi

üniversite
....
universitas

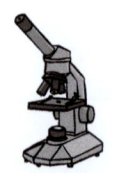

mikroskop
....
mikroskop

harita
....
peta

kağıt çöp kutusu
....
tempat sampah

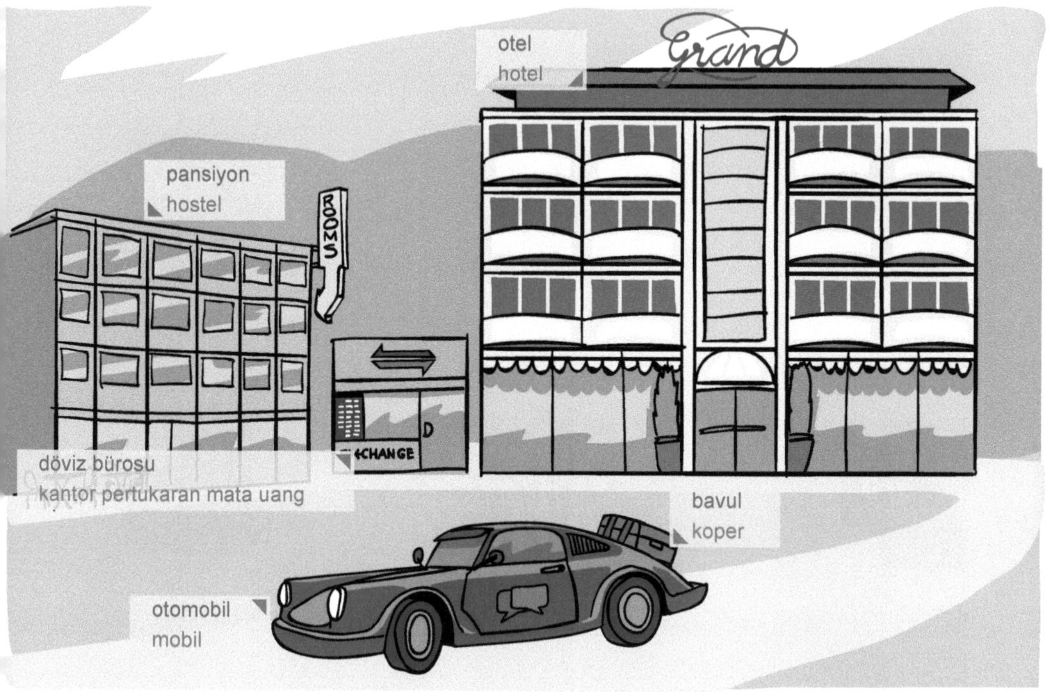

otel
hotel
Grand
pansiyon
hostel
ROOMS
döviz bürosu
kantor pertukaran mata uang
CHANGE
bavul
koper
otomobil
mobil

dil
bahasa

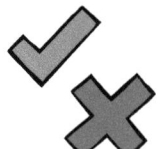

evet / hayır
ya / tidak

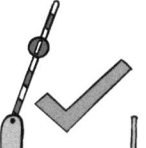

Tamam
okay

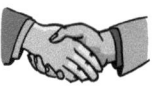

merhaba
hallo

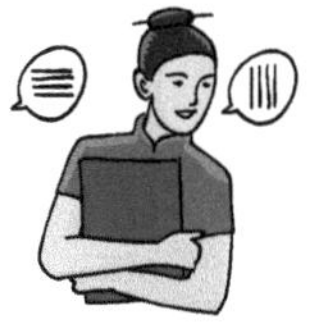

çevirmen
penerjemah

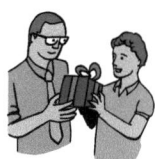

Teşekkür ederim
terima kasih

bu ... ne kadar?

Berapa harganya...?

anlamadım

saya tidak mengerti

problem

masalah

İyi akşamlar!

Selamat malam!

Günaydın!

Selamat siang!

İyi geceler!

Selamat tidur!

güle güle

sampai jumpa

yön

arah

bagaj

bagasi

çanta

tas

sırt çantası

ransel

misafir

tamu

oda

ruang

uyku tulumu

kantong tidur

çadır

tenda

turist danışma

informasi wisata

sahil

pantai

kredi kartı

kartu kredit

kahvaltı

sarapan

öğle yemeği

makan siang

akşam yemeği

makan malam

Bilet

tiket

asansör

elevator

pul

perangko

sınır

perbatasan

gümrük

cukai

elçilik

kedutaan

vize

visa

pasaport

paspor

seyahat - perjalanan

ulaşım

transportasi

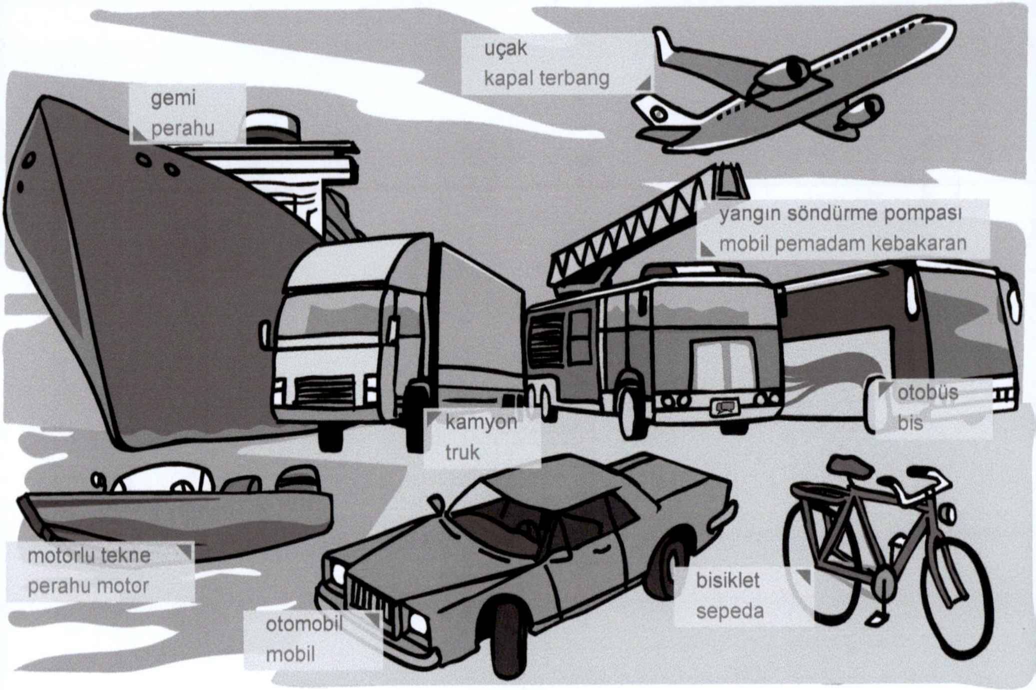

gemi
perahu
uçak
kapal terbang
yangın söndürme pompası
mobil pemadam kebakaran
otobüs
bis
kamyon
truk
motorlu tekne
perahu motor
bisiklet
sepeda
otomobil
mobil

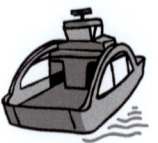

feribot

feri

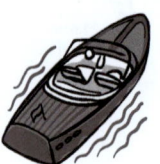

bot

perahu

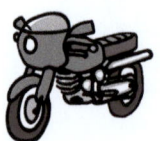

motosiklet

sepeda motor

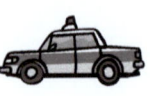

polis arabası

mobil polisi

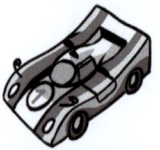

yarış arabası

mobil balapan

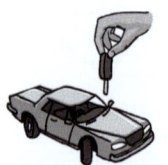

kiralık araba

mobil sewa

ortak araba

berbagi mobil

çekici

truk derek

çöp kamyonu

truk sampah

motor

motor

yakıt

bahan bakar

benzinlik

bensin

trafik işareti

tanda lalulintas

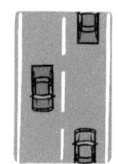

trafik

lalulintas

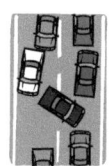

trafik sıkışıklığı

macet

otopark

parkir mobil

tren istasyonu

stasiun kereta

ray

trek

tren

kereta api

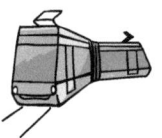

tramvay

tram

vagon

gerobak

helikopter

helikopter

havaalanı

bendara

kule

menara

yolcu

penumpang

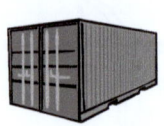

konteyner

container

koli

karton

yük arabası

troli

sepet

keranjang

kalkış / iniş

berangkat / mendarat

şehir

kota

köy

desa

şehir merkezi

pusat kota

ev

rumah

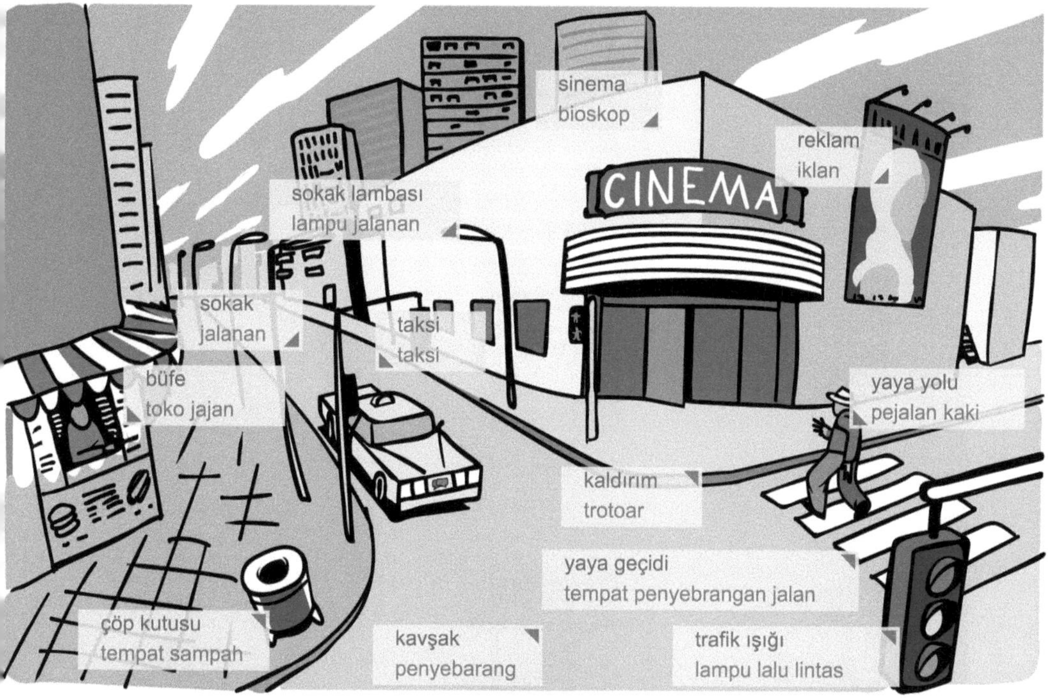
sinema
bioskop
reklam
iklan
CINEMA
sokak lambası
lampu jalanan
sokak
jalanan
taksi
taksi
büfe
toko jajan
yaya yolu
pejalan kaki
kaldırım
trotoar
yaya geçidi
tempat penyebrangan jalan
çöp kutusu
tempat sampah
kavşak
penyebarang
trafik ışığı
lampu lalu lintas

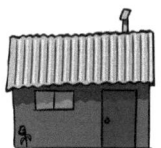

kulübe

gubuk

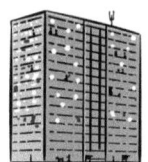

apartman dairesi

rumah flat

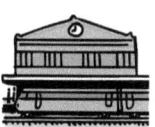

tren istasyonu

stasiun kereta

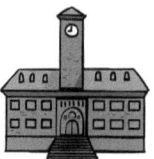

belediye binası

balai kota

MUSEUM

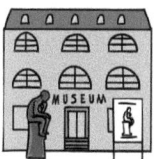

müze

museum

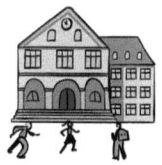

okul

sekolah

üniversite

universitas

banka

bank

hastane

rumah sakit

otel

hotel

eczane

farmasi

ofis

kantor

kitapçı

toko buku

mağaza

toko

çiçekçi

toko bunga

süpermarket

supermarket

market

pasar

büyük mağaza

toko serba ada

balık satıcısı

nelayan

alışveriş merkezi

pusat belanja

liman

pelabuhan

park

taman

bank

banku

köprü

jembatan

merdiven

tangga

metro

kereta bawah tanah

tünel

terowongan

otobüs durağı

pemberhantian bis

bar

bar

restoran

restauran

posta kutusu

kotak surat

sokak tabelası

tanda jalan

otopark sayacı

meteran parkir

hayvanat bahçesi

kebun binatang

yüzme havuzu

kolam renang

cami

mesjid

çiftlik

pertanian

kirlilik

polusi

mezarlık

kuburan

kilise

gereja

oyun alanı

tempat bermain

tapınak

pura

arazi
pemandangan

yaprak
daun

yön tabelası
penunjuk arah

yol
jalanan

çayır
padang rumput

taş
batu

ağaç
pohon

yürüyüşçü
pejalak kaki

ırmak
sungai

çimen
rumput

çiçek
bunga

vadi

lembah

tepe

bukit

göl

danau

orman

hutan

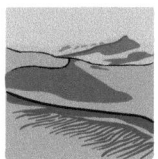

çöl

padang gurun

volkan

gunung berapi

kale

istana

gökkuşağı

pelangi

mantar

jamur

palmiye

pohon palem

sivrisinek

nyamuk

sinek

lalat

karınca

semut

arı

lebah

örümcek

laba-laba

böcek
kumbang

kurbağa
kodok

sincap
tupai

kirpi
landak

yabani tavşan
kelinci

baykuş
burung hantu

kuş
burung

kuğu
angsa

yaban domuzu
babi jantan

geyik
rusa

geyik
rusa

baraj
bendungan

rüzgar türbini
turbin angin

güneş paneli
panel surya

iklim
iklim

restoran
restauran

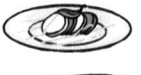

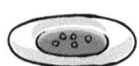

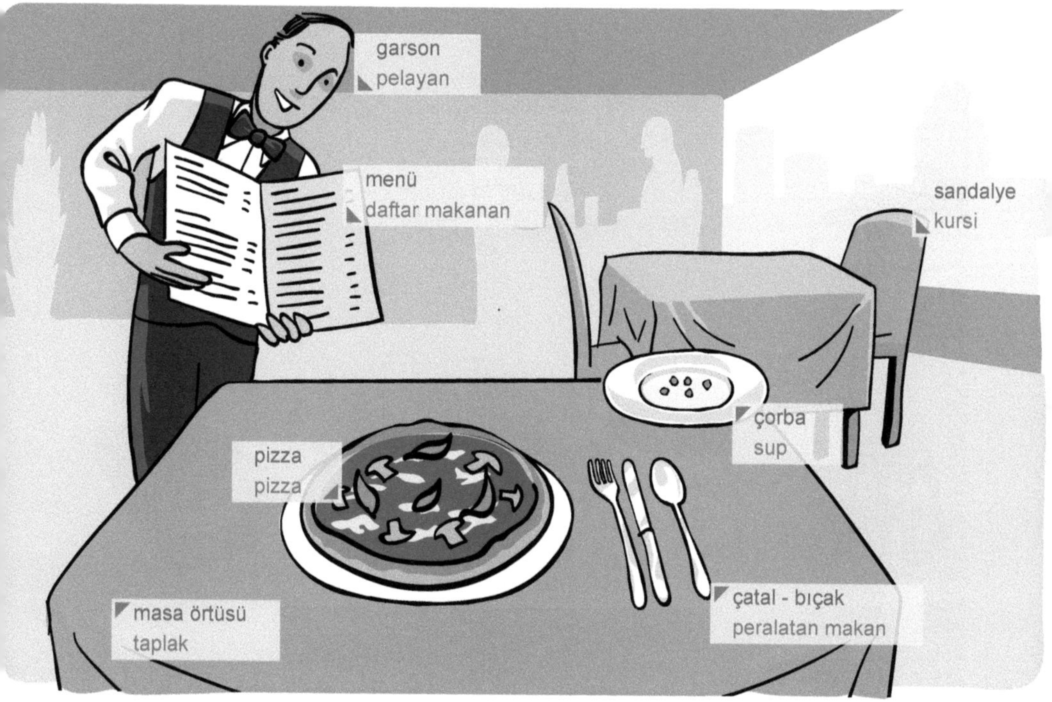
garson
pelayan
menü
daftar makanan
sandalye
kursi
çorba
sup
pizza
pizza
masa örtüsü
taplak
çatal - bıçak
peralatan makan

başlangıç

hindangan pembuka

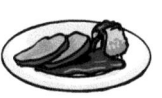

ana yemek

hidangan utama

tatlı

hidangan penutup

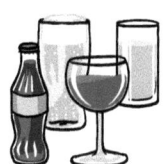

içecekler

minuman

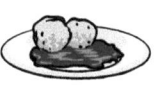

yemek

makanan

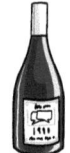

şişe

botol

fastfood

fastfood

sokak yemeği

masakan jalanan

çaydanlık

teko teh

şekerlik

kaleng gula

porsiyon

porsi

espresso makinesi

mesin espresso

mama sandalyesi

kursi tinggi

fatura

tagihan

tepsi

baki

bıçak

pisau

çatal

garpu

kaşık

sendok

çay kaşığı

sendok teh

servis peçetesi

serbet

bardak

gelas

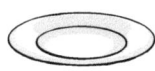

tabak
piring

çorba kasesi
piring sup

fincan altlığı
lepek

sos
saus

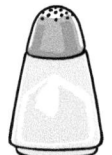

tuzluk
tempat garam

karabiber değirmeni
gilingan merica

sirke
cuka

yağ
minyak

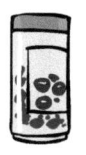

baharat
bumbu

ketçap
saus tomat

hardal
mustar

mayonez
mayones

süpermarket
supermarket

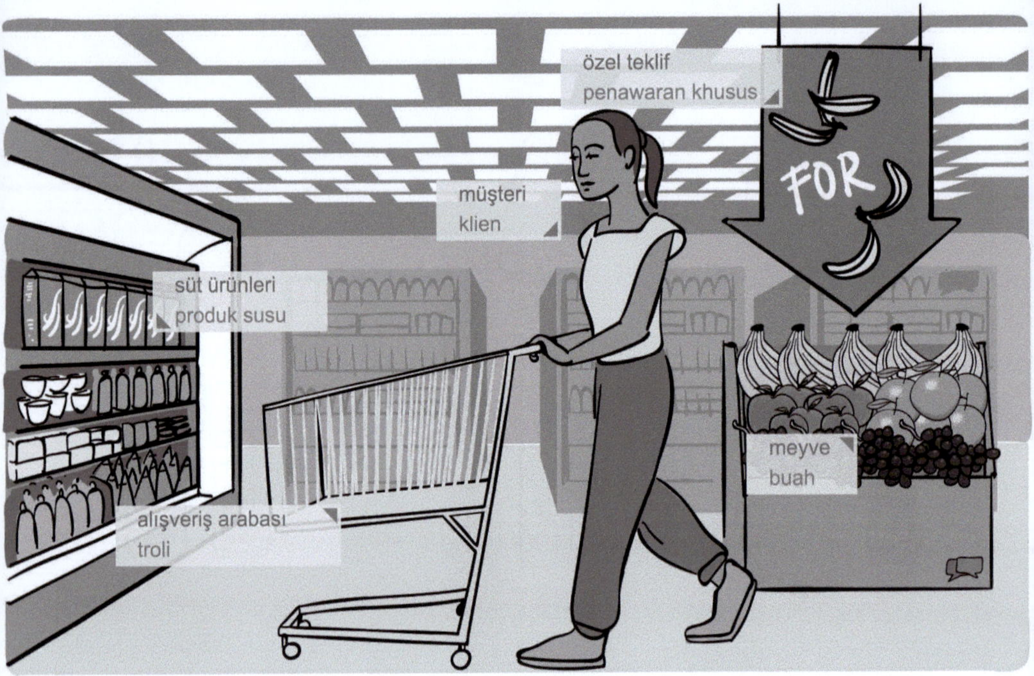

özel teklif
penawaran khusus
FOR
müşteri
klien
süt ürünleri
produk susu
meyve
buah
alışveriş arabası
troli

BUTCHERS

kasap

pembantai

BAKERY

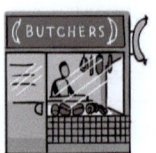

fırın

toko roti

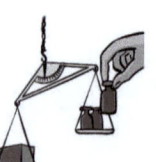

tartmak

menimbang

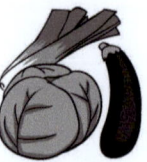

sebze

sayur

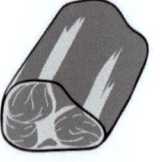

et

daging

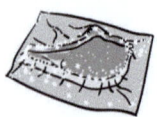

donmuş gıda

makanan beku

söğüş et

pemotongan dingin

konserve yiyecek

makanan kaleng

toz deterjan

sabun serbuk

şekerlemeler

permen

ev temizlik ürünleri

alat-alat rumah tangga

temizlik ürünleri

obat pembersihan

satış görevlisi

penjual

yazar kasa

kasa

kasiyer

kasir

alışveriş listesi

daftar belanja

açılış saatleri

jam buka

cüzdan

dompet

kredi kartı

kartu kredit

çanta

tas

plastik poşet

kantong plastik

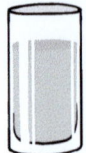

su
air

meyve suyu
jus

süt
susu

kola
cola

şarap
anggur

bira
bir

alkol
alkohol

kakao
coklat

çay
teh

kahve
kopi

espresso
espresso

kapuçino
cappucino

muz

pisang

elma

apel

portakal

jeruk

kavun

semangka

limon

jeruk lemon

havuç

wortel

sarımsak

bawang putih

bambu

bambu

soğan

bawang bombai

mantar

jamur

çerez

kacang

makarna

mi

spagetti

spagetti

pirinç

nasi

salata

salat

cips

kentang goreng

patates kızartması

kentang goreng

pizza

pizza

hamburger

hamburger

sandviç

sandwich

şinitzel

sayatan

pastırma

ham

salam

salami

sosis

sosis

tavuk

ayam

rosto

menggoreng

balık

ikan

yulaf ezmesi

bubur gandum

müsli

sereal

mısır gevreği

cornflakes

un

tepung

kruvasan

croissant

küçük ekmek

roti

ekmek

roti

tost

toast

bisküvi

biskuit

tereyağı

mentega

kaymak

dadih

kek

kue

yumurta

telur

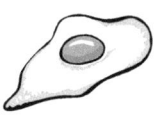

sahanda yumurta

telur goreng

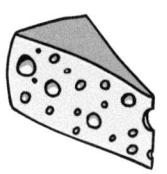

peynir

keju

dondurma

eskrim

şeker

gula

bal

madu

reçel

selai

fındık ezmesi

krim nugat

köri

kare

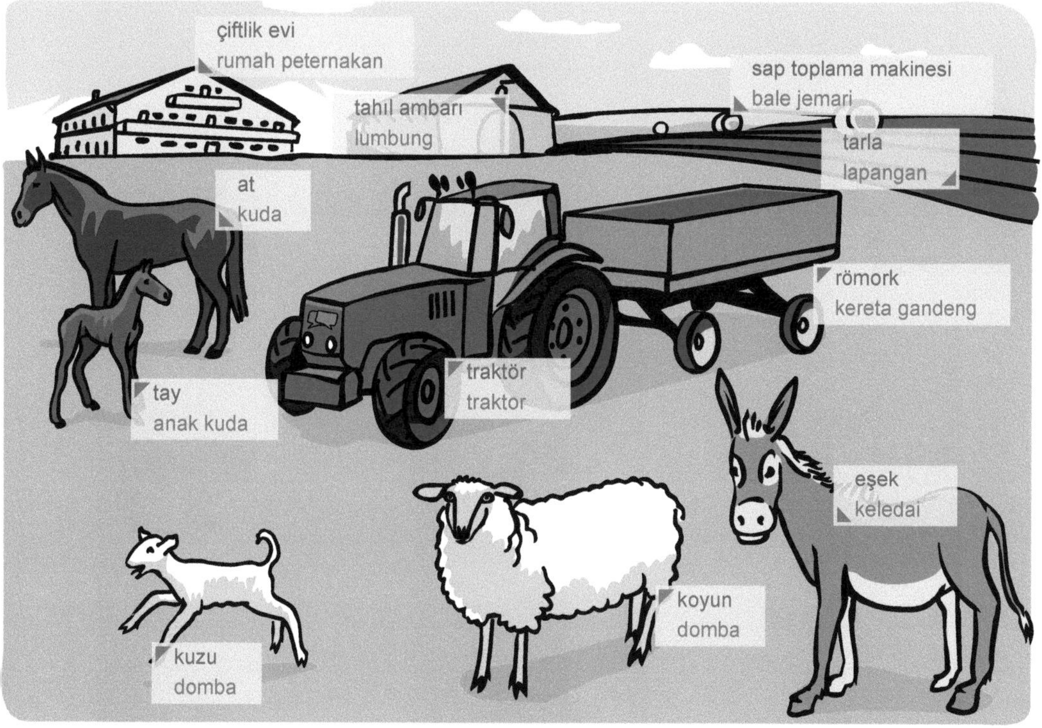

çiftlik evi
rumah peternakan

tahil ambarı
lumbung

sap toplama makinesi
bale jemari

tarla
lapangan

at
kuda

römork
kereta gandeng

tay
anak kuda

traktör
traktor

eşek
keledai

kuzu
domba

koyun
domba

keçi

kambing

inek

sapi

buzağı

betis

domuz

babi

domuz yavrusu

celeng

boğa

banteng

kaz

angsa

ördek

bebek

civciv

anak ayam

tavuk

ayam

horoz

ayam jantan

sıçan

tikus

kedi

kucing

fare

tikus

öküz

lembu

köpek

anjing

köpek kulübesi

rumah anjing

bahçe hortumu

selang

sulama kabı

penyiram

tırpan

sabit

pulluk

bajak

çiftlik - pertanian

orak
sabit

çapa
cangkul

dirgen
garpu rumput

balta
kapak

el arabası
gerobak

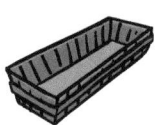

yemlik
palung

süt kovası
kaleng susu

çuval
karung

çit
pagar

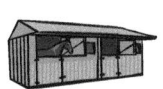

ahır
kandang

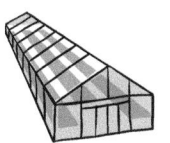

sera
rumah kaca

toprak
tanah

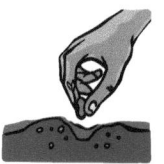

tohum
benih

gübre
pupuk

biçerdöver
mesin pemanen

hasat etmek

panen

harman

panen

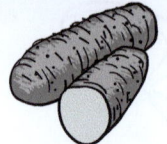

tatlı patates

yams

buğday

gandum

soya

kedelai

patates

kentang

mısır

jagung

kolza

lobak

meyve ağacı

pohon buah

manyok

singkong

hububat

sereal

ev

rumah

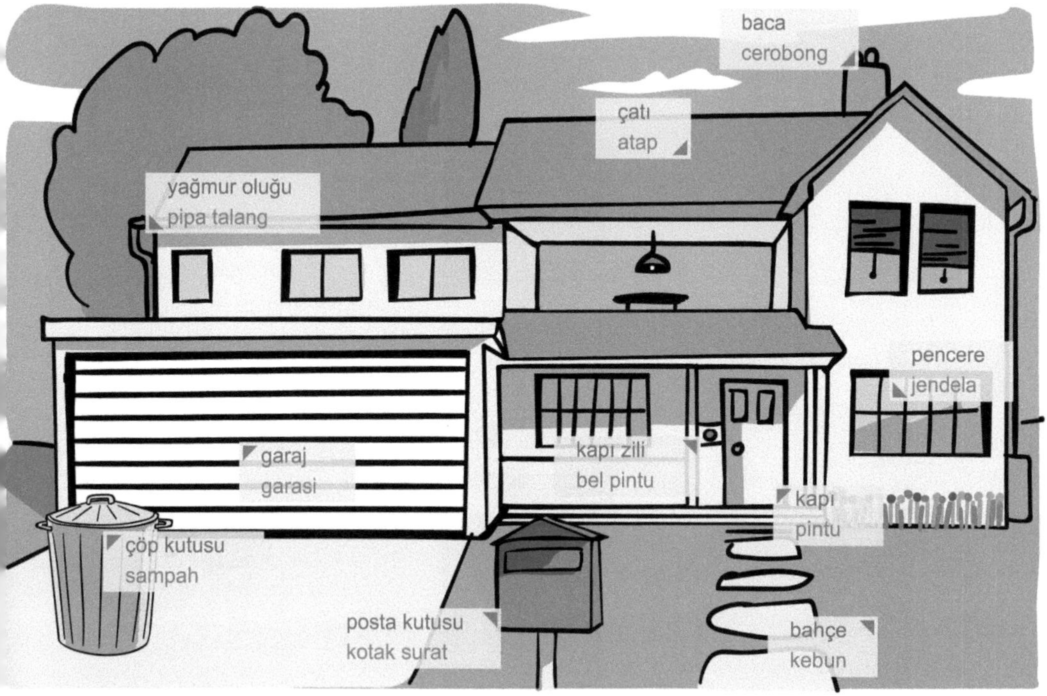

baca
cerobong
çatı
atap
yağmur oluğu
pipa talang
pencere
jendela
garaj
garasi
kapı zili
bel pintu
kapı
pintu
çöp kutusu
sampah
posta kutusu
kotak surat
bahçe
kebun

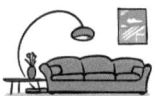

oturma odası

ruang tamu

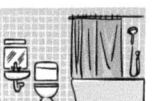

banyo

kamar mandi

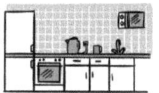

mutfak

dapur

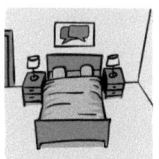

yatak odası

kamar tidur

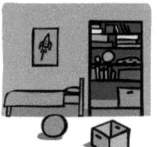

çocuk odası

kamar anak

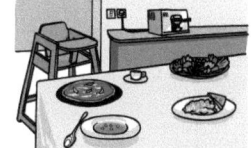

yemek odası

kamar makan

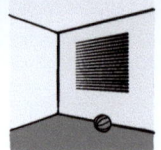

zemin
lantai

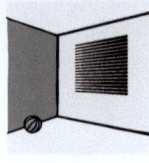

duvar
tembok

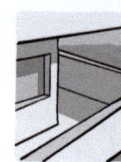

tavan
atap

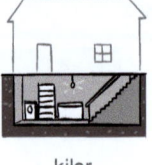

kiler
gudang di bawah tanah

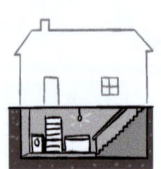

sauna
sauna

balkon
balkon

teras
teras

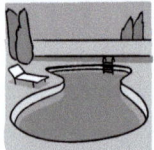

havuz
kolam renang

çim biçme makinesi
mesin pemotong rumput

çarşaf
sprei

yatak örtüsü
selimut

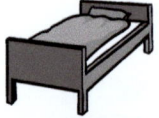

yatak
tempat tidur

süpürge
sapu

kova
ember

anahtar
tombol

oturma odası
ruang tamu

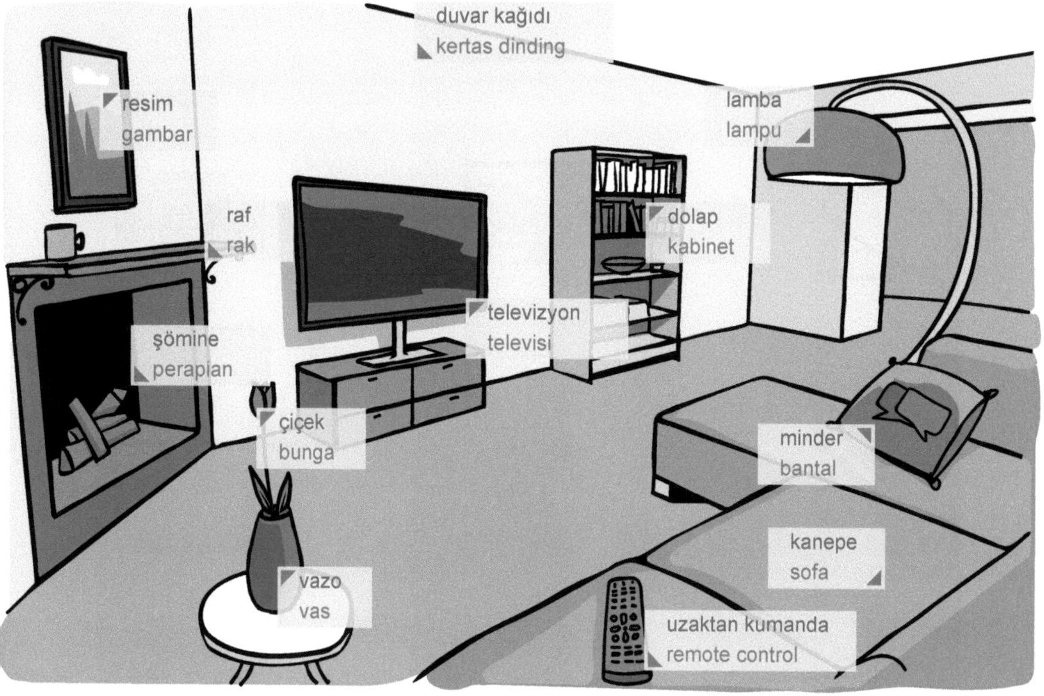
duvar kağıdı
kertas dinding
resim
gambar
lamba
lampu
raf
rak
dolap
kabinet
televizyon
televisi
şömine
perapian
çiçek
bunga
minder
bantal
kanepe
sofa
vazo
vas
uzaktan kumanda
remote control

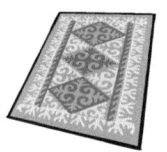

halı
karpet

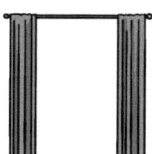

perde
korden

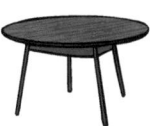

masa
meja

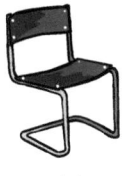

sandalye
kursi

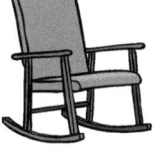

salıncaklı koltuk
kursi goyang

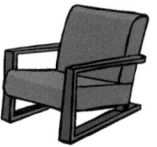

koltuk
kursi malas

kitap

buku

battaniye

selimut

dekor

dekorasi

odun

kayu bakar

film

filem

hi-fi

hi-fi

anahtar

kunci

gazete

koran

tablo

lukisan

poster

poster

radyo

radio

defter

buku tulis

elektrikli süpürge

penyedot debu

kaktüs

kaktus

mum

lilin

mutfak
dapur

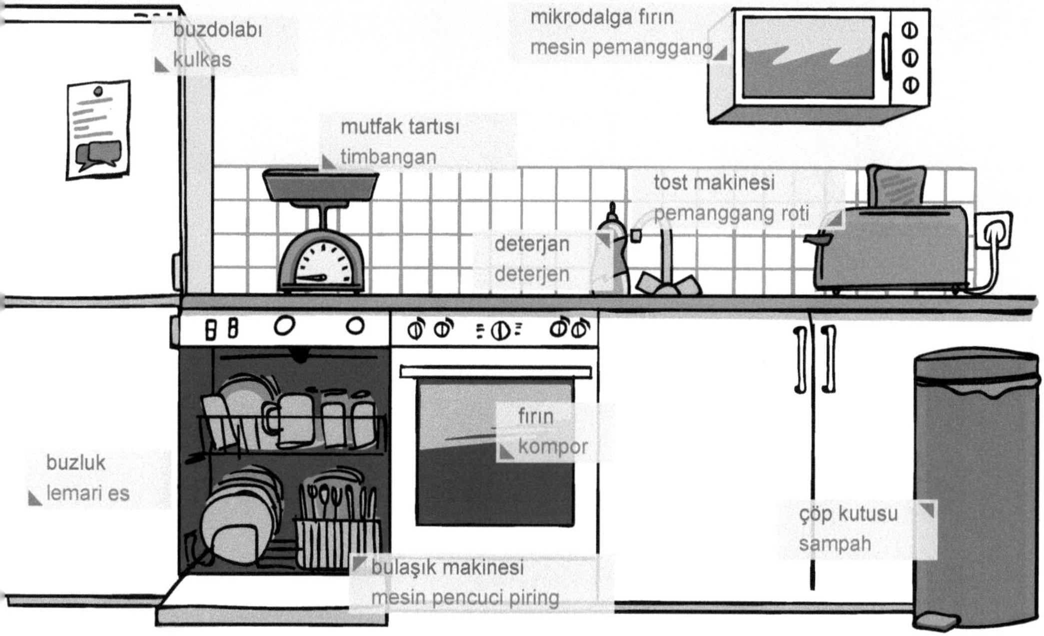
buzdolabı
kulkas
mikrodalga fırın
mesin pemanggang
mutfak tartısı
timbangan
tost makinesi
pemanggang roti
deterjan
deterjen
fırın
kompor
buzluk
lemari es
çöp kutusu
sampah
bulaşık makinesi
mesin pencuci piring

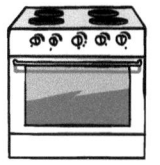

ocak
kompor

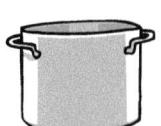

tencere
panci

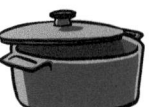

döküm tencere
panci besi

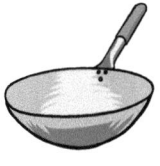

wok
wajan

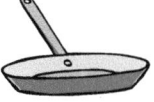

tava
panci

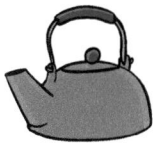

su ısıtıcı
pemanas air

buharlı pişirici

panci pengukus makanan

pişirme tepsisi

nampan

tabak takımı

piring

kupa

cangkir

kase

mangkok

çubuk (çin yemeği)

sumpit

kepçe

sendok sup

spatula

sudip

çırpma teli

mengocok

süzgeç

saringan

elek

saringan

rende

parutan

havan

mortir

barbekü

barbeque

açık ateş

api terbuka

kesme tahtası

papan memotong

merdane

gilingan

tirbüşon

alat pembuka botol

konserve kutusu

kaleng

konserve açacağı

pembuka kaleng

fırın eldiveni

pegangan panci

evye

wastafel

fırça

sikat

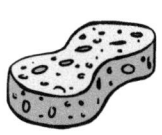

sünger

busa

blender

mesin pencampur

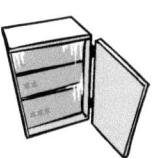

derin dondurucu

lemari es

biberon

botol bayi

musluk

keran

banyo
kamar mandi

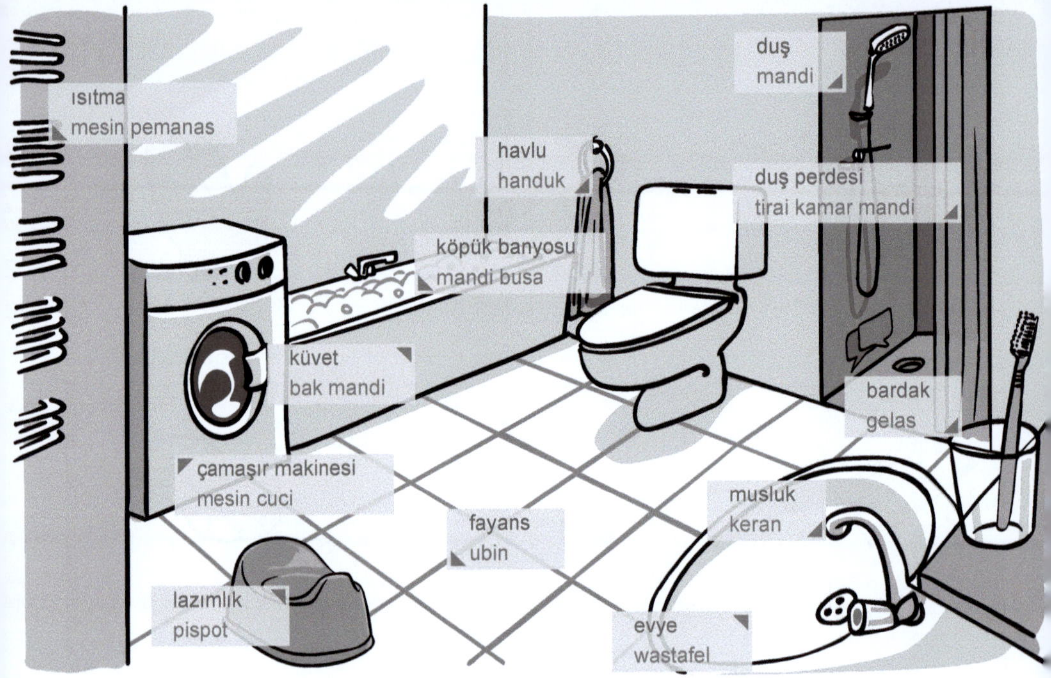

ısıtma
mesin pemanas
havlu
handuk
duş
mandi
duş perdesi
tirai kamar mandi
köpük banyosu
mandi busa
küvet
bak mandi
bardak
gelas
çamaşır makinesi
mesin cuci
musluk
keran
fayans
ubin
lazımlık
pispot
evye
wastafel

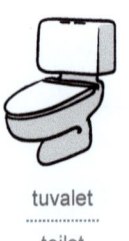

tuvalet

toilet

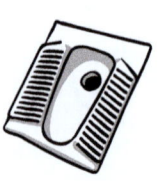

alaturka tuvalet

toilet jongkok

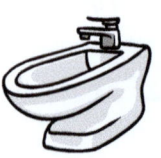

bide

bidet

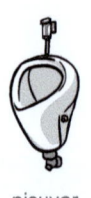

pisuvar

pissoir

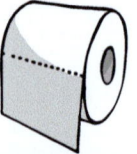

tuvalet kağıdı

kertas toilet

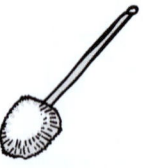

tuvalet fırçası

sikat toilet

diş fırçası

sikat gigi

diş macunu

pasta gigi

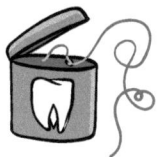

diş ipi

benang gigi

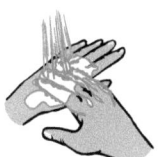

yıkamak

menyuci

duş başlığı

pancuran tangan

duş başlığı şeklinde taharet musluğu

pancuran

küvet

bak

banyo fırçası

sikat punggung

sabun

sabun

duş jeli

gel mandi

şampuan

sampo

banyo lifi

planel

gider

kuras

krem

krim

deodorant

deodoran

ayna

kaca

el aynası

cermin tangan

jilet

pisau cukur

tıraş köpüğü

busa cukur

tıraş losyonu

aftershave

tarak

sisir

fırça

sikat

saç kurutma makinesi

alat pengering rambut

saç spreyi

semprot rambut

makyaj

makeup

ruj

lipstik

tırnak cilası

cat kuku

pamuk

kapas

tırnak makası

gunting kuku

parfüm

minyak wangi

makyaj çantası

kantong pencuci

tabure

bangku

tartı

timbangan

bornoz

mantel mandi

lastik eldiven

sarung tangan karet

tampon

tampon

kadın pedi

handuk pembalut

kimyevi tuvalet

toilet kimia

çocuk odası

kamar anak

çalar saat
jam alarm
peluş oyuncak
boneka tidur
oyuncak araba
mobil-mobilan
çıngırak
kelintung
bebek evi
rumah boneka
hediye
kado

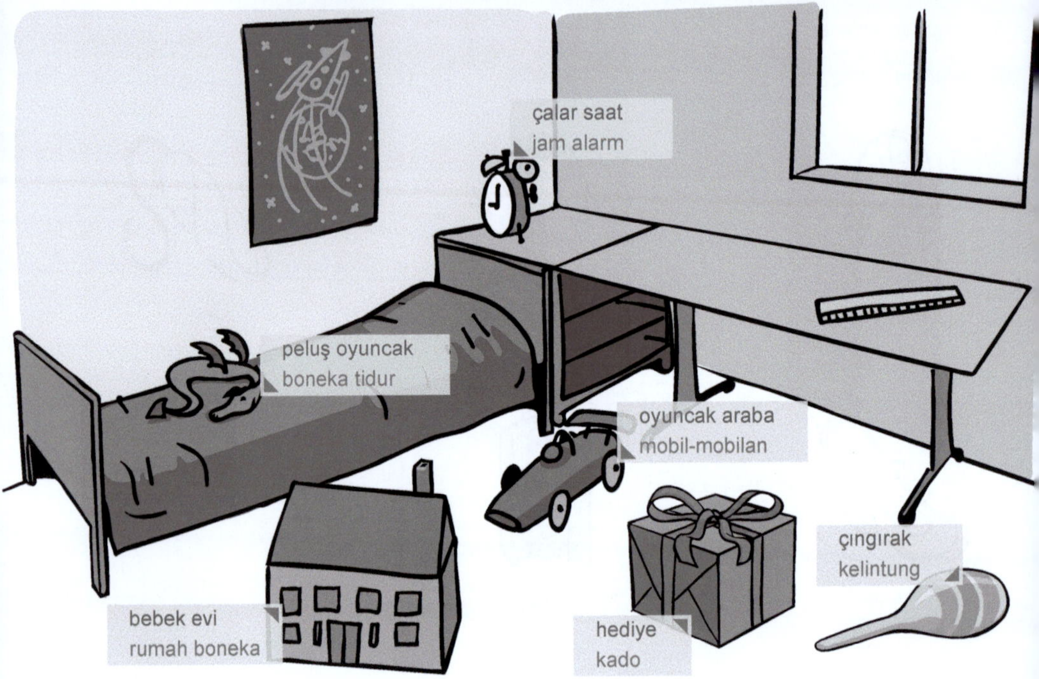

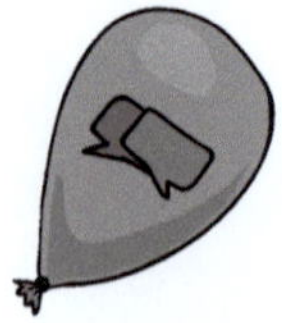

balon

balon

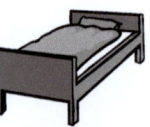

yatak

tempat tidur

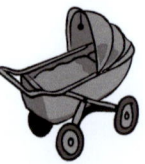

bebek arabası

kereta bayi

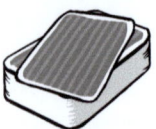

kart destesi

mainan kartu

yapboz

teka-teki

SUPER
MEGA

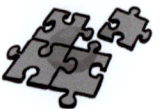

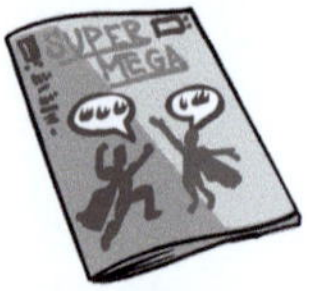

çizgi roman

komik

lego tuğlaları

mainan lego

lego blokları

blok mainan

aksiyon figürü

figur aksi

zıbın

baju monyet

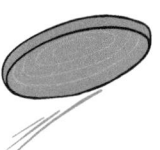

frizbi

frisbee

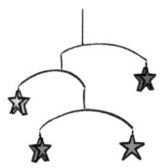

dönence

mobile

masa oyunu

permainan papan

zar

dadu

model tren seti

set model kreta api

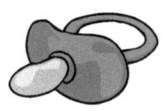

emzik

dot

parti

pesta

resimli kitap

buku gambar

top

bola

oyuncak bebek

boneka

oynamak

bermain

kum havuzu

tempat main pasir

salıncak

ayunan

oyuncaklar

mainan

video oyun konsolu

video game konsol

üç tekerlekli bisiklet

sepeda roda tiga

oyuncak ayı

teddy

gardırop

lemari pakaian

kıyafet

pakaian

çorap

kaos kaki

külotlu çorap

kaos kaki

tayt

baju ketat

eşarp
syal

şemsiye
payung

tişört
kaos

kemer
sabuk

bot
sepatu bot

terlik
sandal

spor ayakkabı
sepatu

sandalet
sandal

ayakkabı
sepatu

lastik çizme
sepatu bot karet

külot
celana dalam

sütyen
BH

yelek
baju rompi

dar bluz

body

pantolon

celana

kot pantolon

jeans

etek

rok

bluz

blus

gömlek

kemeja

kazak

aket berkerudung

süveter

sweater

blazer

jaket

ceket

jaket

mont

mantel

yağmurluk

jas hujan

kostüm

kostum

elbise

gaun

gelinlik

gaun pengantin

kıyafet - pakaian

takım elbise

setelan resmi

gecelik

gaun tidur

pijama

piyama

sari

sari

baş örtüsü

jilbab

türban

turban

burka

burka

kaftan

kaftan

çarşaf

abaya

mayo

pakaian renang

erkek mayosu

celana renang

şort

celana pendek

eşofman

olah raga

önlük

celemek

eldiven

sarung tangan

düğme

kancing

gözlük

kacamata

bilezik

gelang

kolye

kalung

yüzük

cincin

küpe

anting

kep

topi

portmanto

gantungan mantel

şapka

topi

kravat

dasi

fermuar

ritsleting

kask

helm

pantolon askısı

tali selempang

okul forması

seragam sekolah

üniforma

seragam

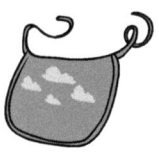

mama önlüğü

oto

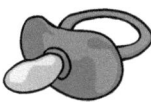

emzik

dot

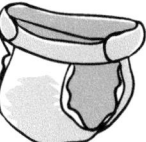

bebek bezi

popok

ofis

kantor

sunucu
server
dosya dolabı
lemari arsip
yazıcı
pencetak
kağıt
kertas
monitör
layar
fare
mouse komputer
masa
meja kerja
klasör
tempat pengarsipan
klavye
papan tombol
kağıt çöp kutusu
tempat sampah
bilgisayar
computer
sandalye
kursi

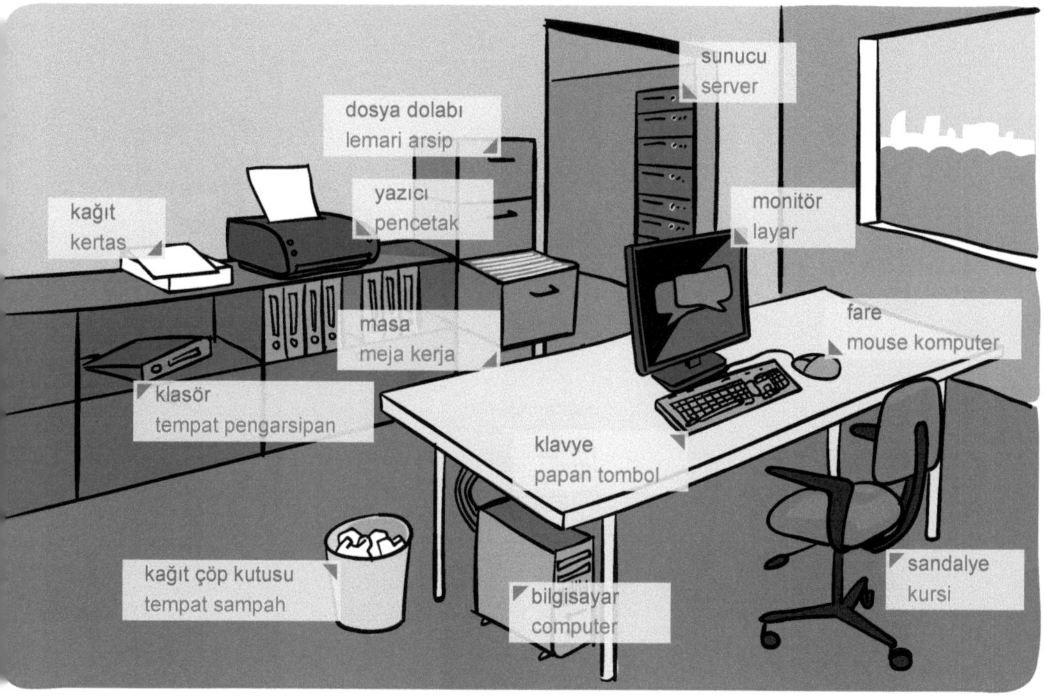

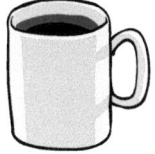

kahve fincanı

cangkir kopi

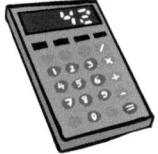

hesap makinesi

kalkulator

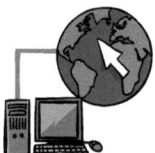

internet

internet

dizüstü

laptop

mektup

surat

mesaj

pesan

cep telefonu

telepon seluler

ağ

jaringan

fotokopi makinesi

fotokopi

yazılım

software

telefon

telepon

priz

plug soket

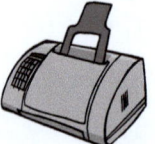

faks makinesi

mesin fax

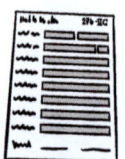

form

formulir

belge

dokumen

satın almak
....
membeli

ödemek
....
membayar

ticaret yapmak
....
berdagang

para
....
uang

dolar
....
Dollar

avro
....
Euro

yen
....
Yen

ruble
....
Rubel

İsviçre frangı
....
Franc Swiss

Çin yuanı
....
Renminbi Yuan

rupi
....
Rupiah

kasa
....
ATM

döviz bürosu

kantor pertukaran mata uang

altın

emas

gümüş

perak

petrol

minyak

enerji

energi

fiyat

harga

kontrat

kontrak

vergi

pajak

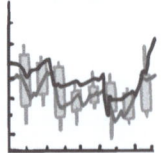

menkul değer

saham

çalışmak

bekerja

işveren

karyawan

işçi

majikan

fabrika

pabrik

mağaza

toko

meslekler
pekerjaan

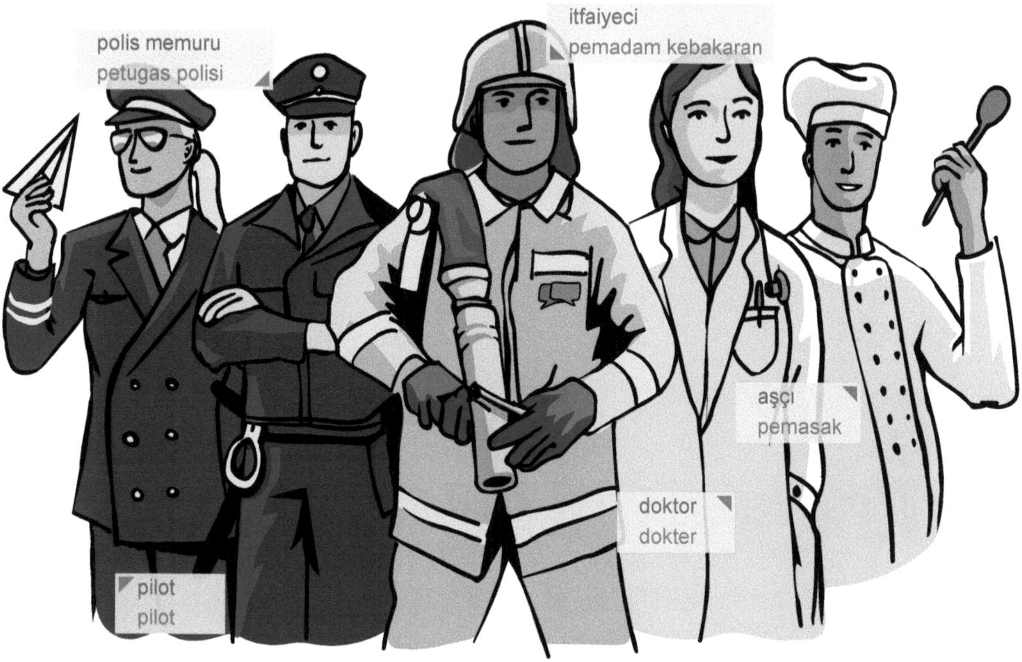

polis memuru
petugas polisi
itfaiyeci
pemadam kebakaran
aşçı
pemasak
doktor
dokter
pilot
pilot

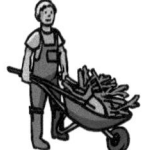

bahçıvan

tukan kebun

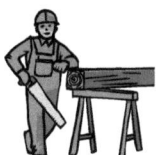

marangoz

tukang kayu

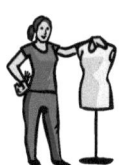

terzi

penjahit wanita

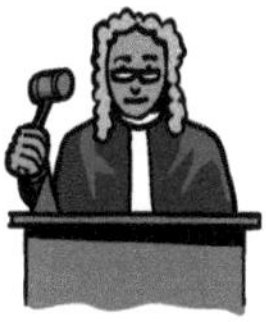

hakim

hakim

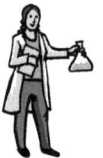

kimyager

ahli kimia

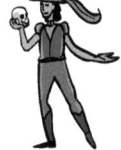

aktör

aktor

otobüs şoförü

sopir bis

taksi şoförü

sopir taksi

balıkçı

nelayan

temizlikçi

pembantu

çatı ustası

tukang atap

garson

pelayan

avcı

pemburu

boyacı

pelukis

fırıncı

tukang roti

elektrikçi

tukang listrik

inşaatçı

pembangun

mühendis

insinyur

kasap

tukang daging

muslukçu

tukang ledeng

postacı

tukang pos

asker
tentara

mimar
arsitek

kasiyer
kasir

çiçekçi
penjual bunga

kuaför
penata rambut

kondüktör
konduktor

tamirci
montir

kaptan
kapten

dişçi
dokter gigi

bilim insanı
ilmuwan

haham
rabbi

imam
imam

keşiş
biarawan

rahip
pendeta

aletler

alat

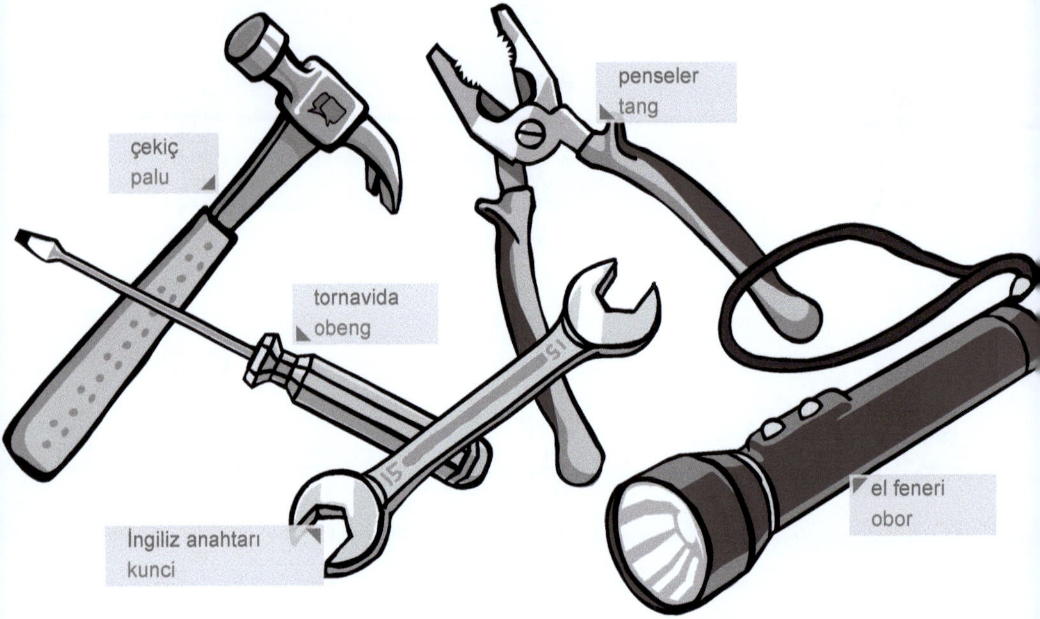

penseler
tang
çekiç
palu
tornavida
obeng
el feneri
obor
İngiliz anahtarı
kunci

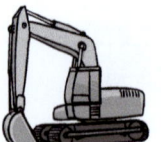

kazı makinesi

penggali

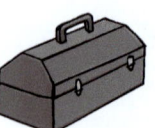

alet çantası

tas perkakas

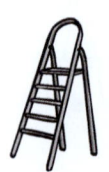

merdiven

tangga

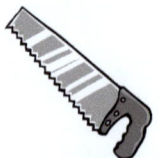

testere

gergaji

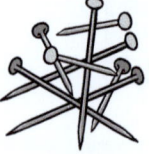

çiviler

paku

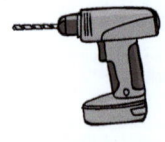

matkap

bor

tamir etmek
perbaikan

kürek
sekop

Kahretsin!
Sialan!

faraş
cikrak

boya tenekesi
pot cat

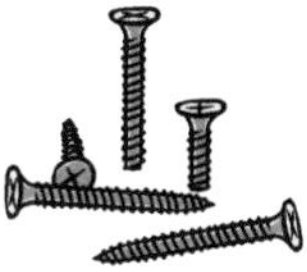

vidalar
sekrup

müzik enstrümanı
alat musik

bateri seti
alat drum

hoparlör
pengeras suara

gitar
gitar

kontrbas
bas

trompet
trompet

piyano

piano

keman

violin

basgitar

bass

timpani

tambur

bateri

drum

klavye

keyboard

saksafon

saksofon

flüt

suling

mikrofon

mikrofon

hayvanat bahçesi

kebun binatang

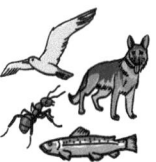

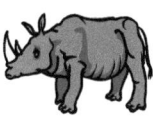

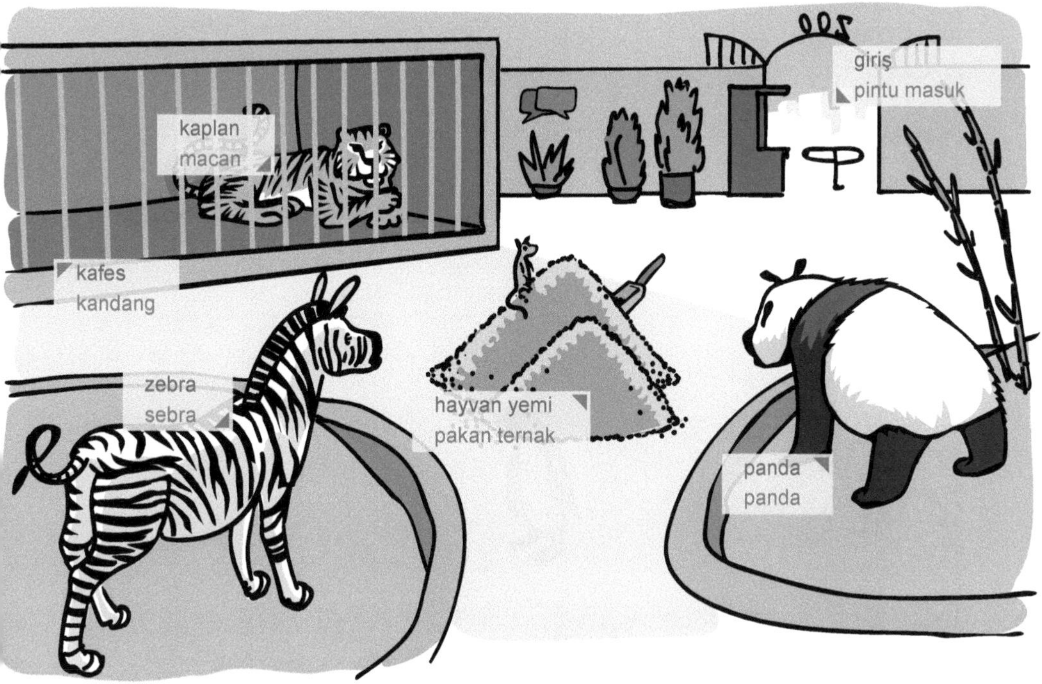
giriş
pintu masuk
kaplan
macan
kafes
kandang
zebra
sebra
hayvan yemi
pakan ternak
panda
panda

hayvanlar

hewan

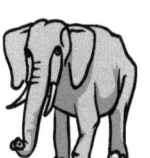

fil

gajah

kanguru

kanguru

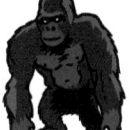

gergedan

badak

goril

gorila

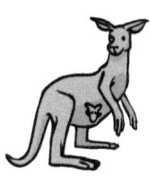

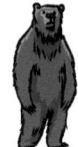

ayı

beruang

deve

unta

deve kuşu

burung unta

aslan

singa

maymun

monyet

flamingo

flamingo

papağan

burung beo

kutup ayısı

beruang polar

penguen

penguin

köpek balığı

hiu

tavus kuşu

merak

yılan

ular

timsah

buaya

hayvanat bahçesi görevlisi

penjaga kebun binatang

fok

segel

jaguar

jaguar

midilli atı

kuda poni

leopar

macan tutul

su aygırı

kuda nil

zürafa

jerapah

kartal

burung elang

yaban domuzu

babi jantan

balık

ikan

kaplumbağa

kura-kura

mors

anjing laut

tilki

rubah

ceylan

kijang

amerikan futbolu
american football

bisiklete binme
naik sepeda

tenis
tennis

basketbol
basketbal

yüzme
bernang

boks
tinju

buz hokeyi
hoki es

futbol
sepak bola

badminton
badminton

atletizm
atletik

hentbol
bola tangan

kayak
main ski

polo
polo

etkinlikler
aktivitas

gülmek
ketawa
atlamak
meloncat
sarılmak
memeluk
yürümek
berjalan
söylemek
menyanyi
hayal etmek
mengimpi
dua etmek
berdoa
öpmek
mencium

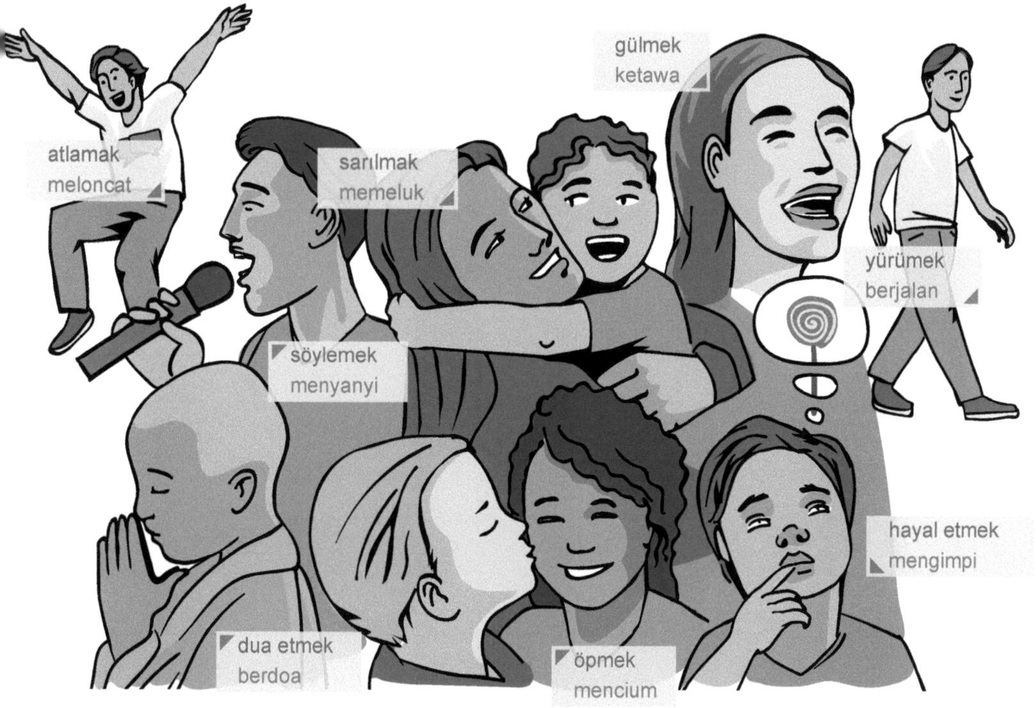

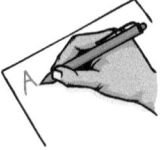

yazmak

menulis

çizmek

melukis

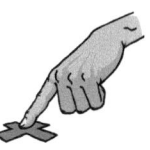

göstermek

menunjuk

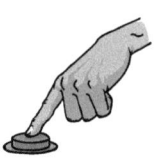

itmek

mendorong

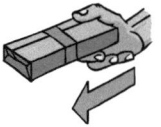

vermek

memberikan

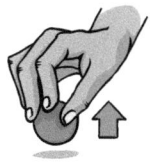

almak

mengambil

sahip olmak

mempunyai

yapmak

melakukan

olmak

adalah

ayakta durmak

berdiri

koşmak

berlari

çekmek

menarik

atmak

melempar

düşmek

jatuh

yalan söylemek

tidur

beklemek

menunggu

taşımak

membawa

oturmak

duduk

giyinmek

berpakaian

uyumak

tidur

uyanmak

bangun

bakmak
melihat

ağlamak
menangis

vurmak
mengelus

taramak
menyisir

konuşmak
berbicara

anlamak
mengerti

sormak
menanyak

dinlemek
mendengar

içmek
minum

yemek
makan

düzenlemek
merapikan

sevmek
cinta

pişirmek
memasak

sürmek
menyetir

uçmak
terbang

etkinlikler - aktivitas

65

denize açılmak

berlayar

hesapla

menghitung

okumak

membaca

öğrenmek

belajar

çalışmak

bekerja

evlenmek

menikah

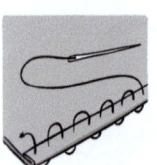

dikmek

menjahit

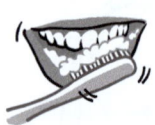

diş fırçalamak

sikat gigi

öldürmek

membunuh

sigara içmek

merokok

yollamak

kirim

aile
keluarga

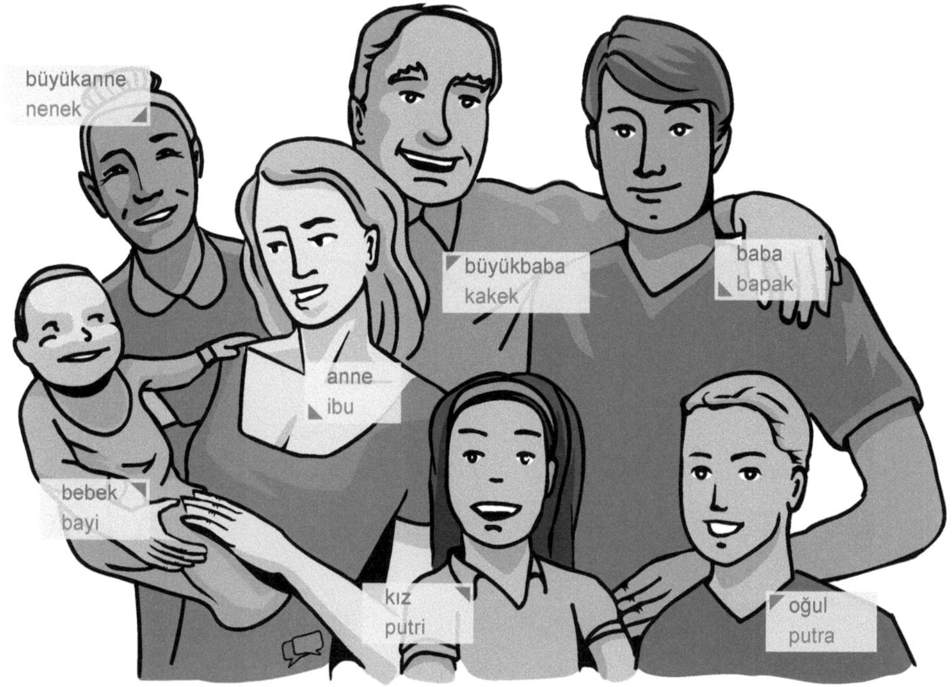

büyükanne
nenek
büyükbaba
kakek
baba
bapak
anne
ibu
bebek
bayi
kız
putri
oğul
putra

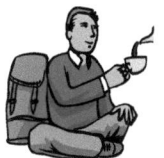

misafir

tamu

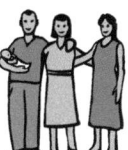

teyze

bibi

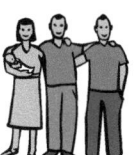

amca

paman

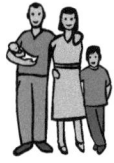

erkek kardeş

kakak laki

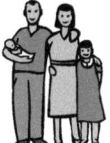

kız kardeş

kakak perempuan

vücut

badan

alın
dahi
göz
mata
omuz
bahu
parmak
jari
yüz
muka
çene
dagu
el
tangan
bacak
kaki
göğüs
payudara
kol
lengan

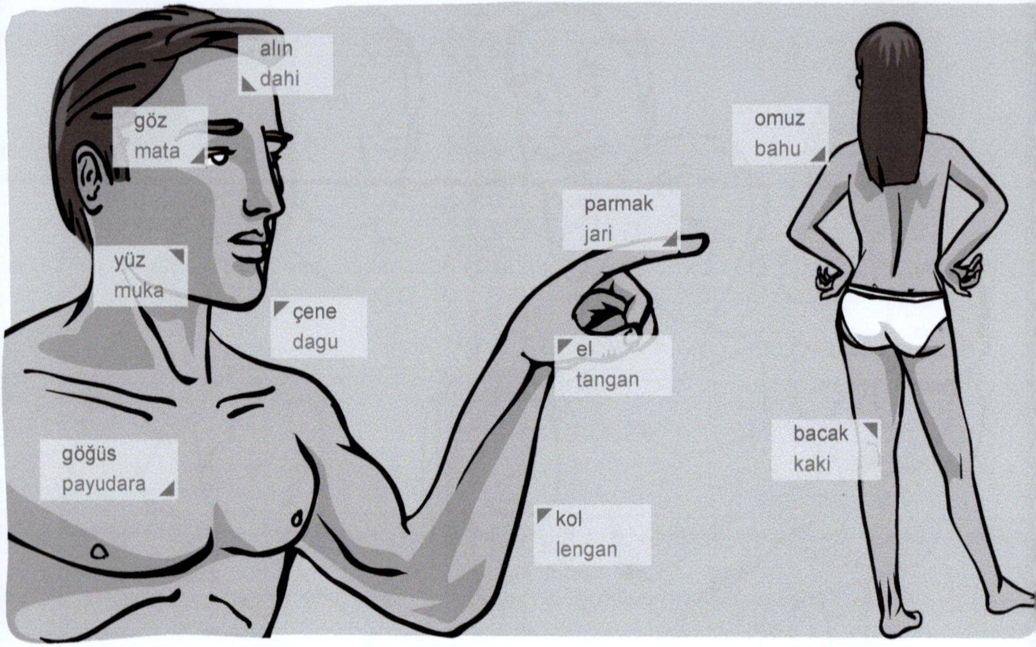

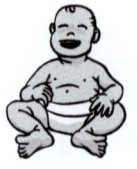

bebek
bayi

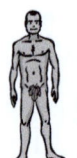

adam
pria

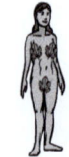

kadın
wanita

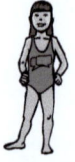

kız
perempuan

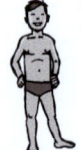

erkek çocuk
laki

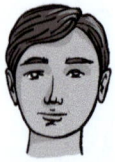

baş
kepala

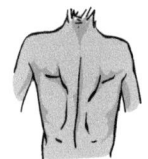

sırt

punggung

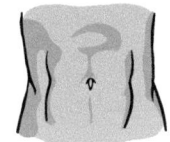

karın

perut

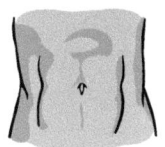

göbek

pusar

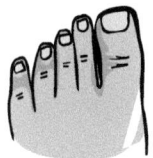

ayak parmağı

toe

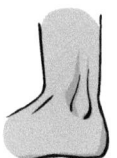

topuk

tumit

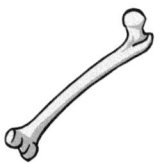

kemik

tulang

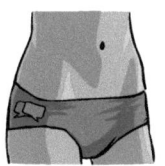

kalça

pinggang

diz

lutut

dirsek

siku

burun

hidung

kalça

pantat

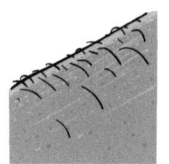

deri

kulit

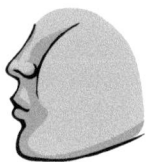

yanak

pipi

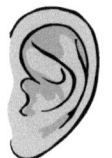

kulak

telinga

dudak

bibir

ağız

mulut

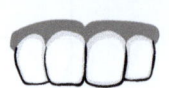

diş

gigi

dil

lidah

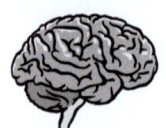

beyin

otak

kalp

jantung

kas

otot

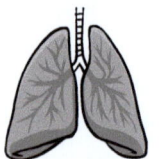

akciğer

paru-paru

karaciğer

hati

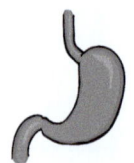

mide

stomach

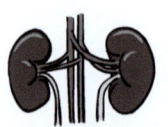

böbrekler

ginjal

seks

hubungan seks

prezervatif

kondom

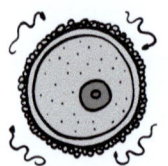

yumurtalık

sel telur

sperm

sperma

hamilelik

kehamilan

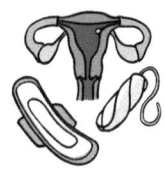

regl

menstruasi

vajina

vagina

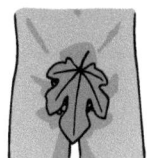

penis

penis

kaş

alis

saç

rambut

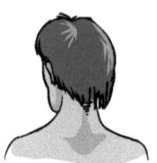

boyun

leher

hastane
rumah sakit

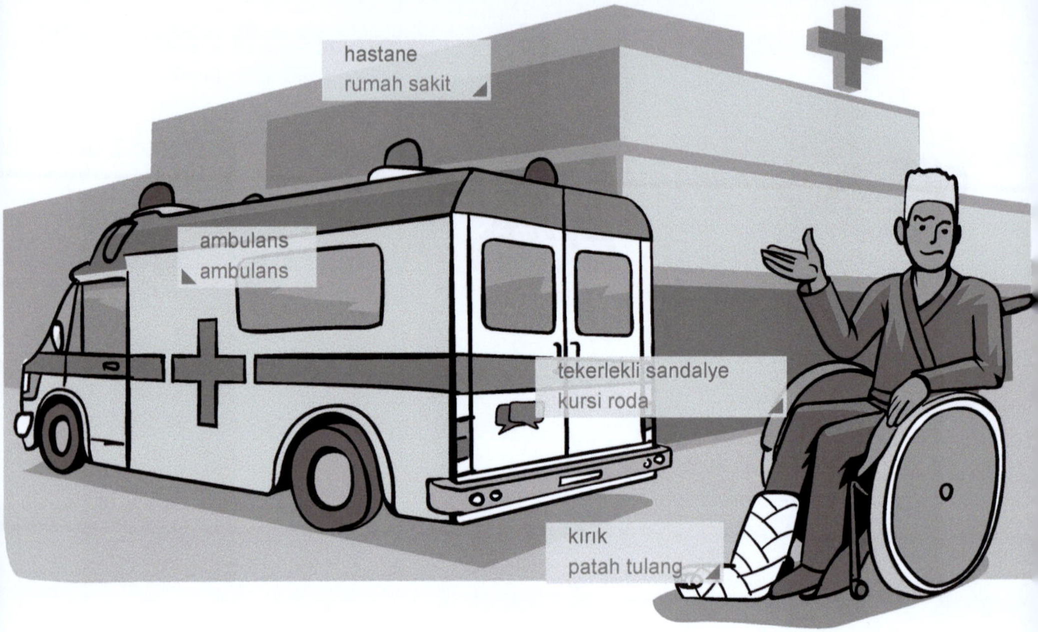

hastane
rumah sakit
ambulans
ambulans
tekerlekli sandalye
kursi roda
kırık
patah tulang

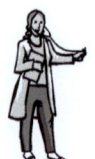

doktor

dokter

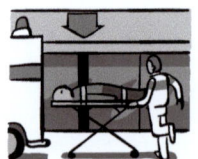

acil servis

ruang darurat

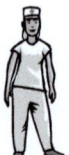

hemşire

perawat

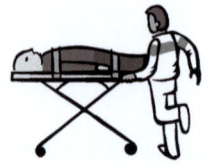

acil

darurat

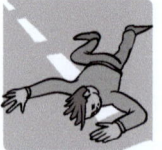

baygın

semaput

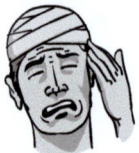

acı

sakit

yaralanma

cedera

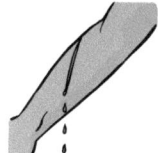

kanama

perdarahan

kalp krizi

serangan jantung

felç

stroke

alerji

alergi

öksürük

batuk

ateş

demam

grip

flu

ishal

diare

baş ağrısı

sakit kepala

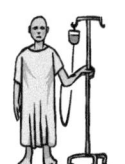

kanser

kanker

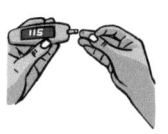

şeker hastalığı

diabetes

cerrah

ahli bedah

neşter

pisau bedah

operasyon

operasi

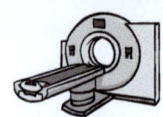

bilgisayarlı tomografi

CT

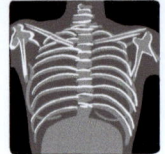

röntgen

sinar x

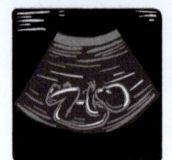

ultrason

usg

yüz maskesi

topeng

hastalık

penyakit

bekleme odası

ruang tunggu

koltuk değneği

penyokong

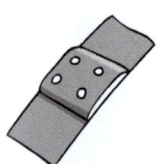

yara bandı

plester

bandaj

perban

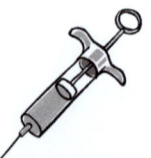

enjeksiyon

injeksi

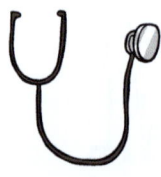

steteskop

stetoskop

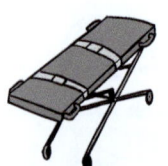

sedye

usungan

tıbbi termometre

termometer klinis

doğum

kelahiran

fazla kilo

kelebihan berat badan

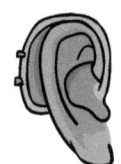

işitme cihazı

alat pendengar

dezenfektan

desinfektan

enfeksiyon

infeksi

virüs

virus

HIV / AIDS

HIV / AIDS

ilaç

obat

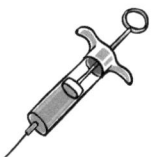

aşı

vaksinasi

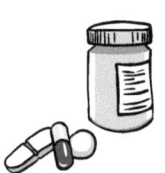

tablet

tablet

hap

pil

acil çağrı

panggilan darurat

tansiyon aleti

ukur tekanan darah

hasta / sağlıklı

sakit / sehat

İmdat!
Tolong!

alarm
alarm

darp
penyerbuan

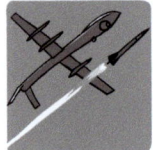

saldırı
serangan

tehlike
bahaya

acil çıkış
pintu darurat

Yangın!
Api!

yangın tüpü
alat pemadam kebakaran

kaza
kecelakaan

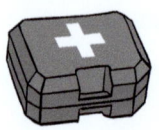

ilk yardım çantası
kit pertolongan pertama

imdat
SOS

polis
polisi

Avrupa

Eropa

Kuzey Amerika

Amerika Utara

Güney amerika

Amerika Selatan

Afrika

Afrika

Asya

Asia

Avustralya

Australi

Atlantik

Atlantik

Pasifik

Pasifik

Hint Okyanusu

Samudra India

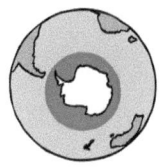

Antarktika Okyanusu

Samudra Antartika

Arktik Okyanusu

Samudra Arktik

Kuzey Kutbu

kutub utara

Güney Kutbu

kutub selatan

Antarktika

Antarktika

dünya

bumi

kara

tanah

deniz

laut

ada

pulau

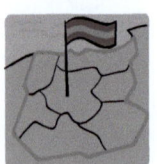

ulus

bangsa

ülke

negara

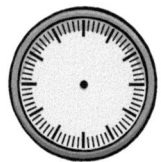

kadran

jam wajah

akrep

jarum pendek

yelkovan

jarum menit

saniye ibresi

jarum detik

Saat kaç?

Jam berapa?

gün

hari

zaman

waktu

şimdi

sekarang

dijital saat

jam digital

dakika

menit

saat

jam

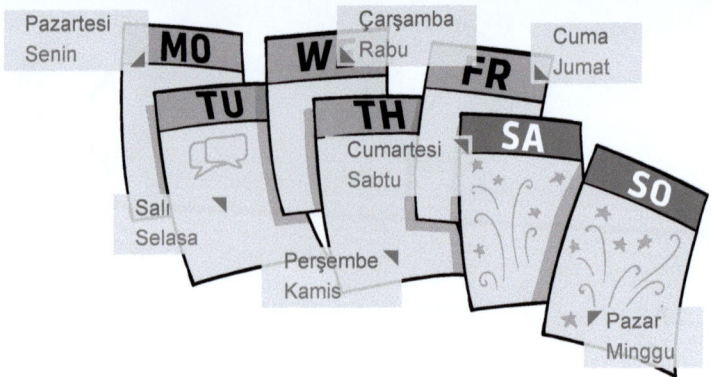

Pazartesi
Senin

Çarşamba
Rabu

Cuma
Jumat

Salı
Selasa

Cumartesi
Sabtu

Perşembe
Kamis

Pazar
Minggu

dün

kemaren

bugün

hari ini

yarın

besok

sabah

pagi

öğle

siang

akşam

malam

MO	TU	WE	TH	FR	SA	SU
1	2	3	4	5	6	7
8	9	10	11	12	13	14
15	16	17	18	19	20	21
22	23	24	25	26	27	28
29	30	31	1	2	3	4

iş günleri

hari kerja

MO	TU	WE	TH	FR	SA	SU
1	2	3	4	5	6	7
8	9	10	11	12	13	14
15	16	17	18	19	20	21
22	23	24	25	26	27	28
29	30	31	1	2	3	4

hafta sonu

akhir minggu

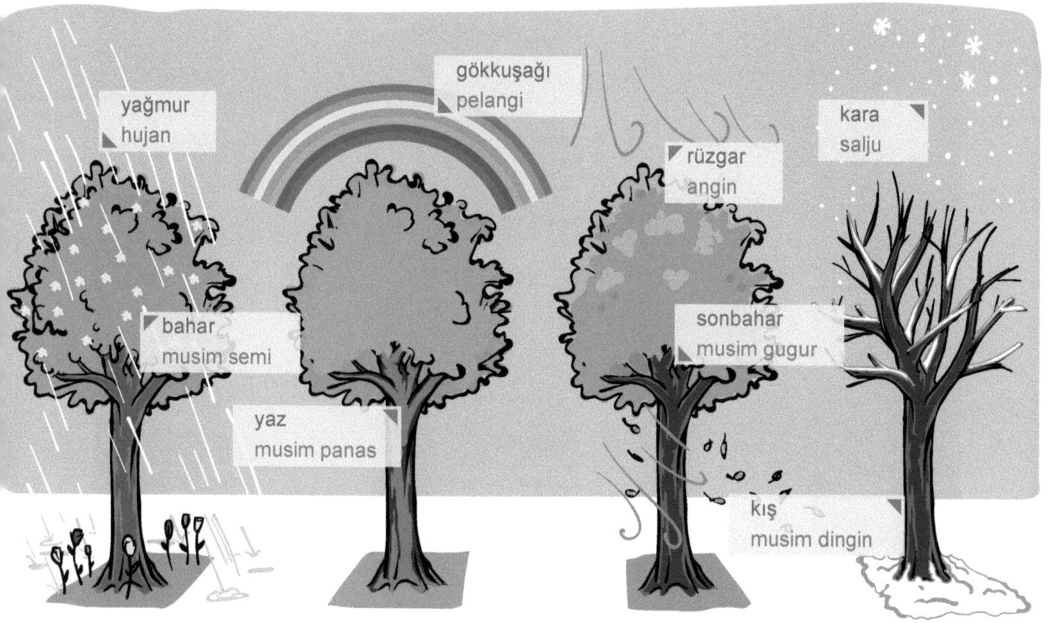

yağmur
hujan
gökkuşağı
pelangi
rüzgar
angin
kara
salju
bahar
musim semi
sonbahar
musim gugur
yaz
musim panas
kış
musim dingin

4.APRIL 11°
5.APRIL 4°
6.APRIL 13°
7.APRIL 8°
8.APRIL 10°

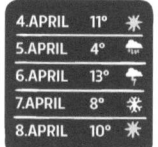

hava durumu tahmini

ramalan cuaca

F
C
120
90
60
30
0
-30
40
30
20
10
0
-10
-20

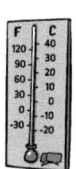

termometre

termometer

güneş ışığı

matahari

bulut

awan

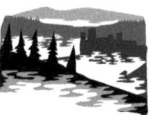

sis

kabut

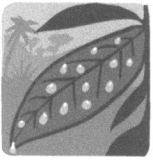

nem

kelembahan

şimşek
kilat

gök gürültüsü
guntur

fırtına
badai

dolu
hujan es

muson
monsun

sel
banjir

buz
es

Ocak
Januari

Şubat
Februari

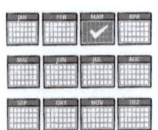

Mart
Maret

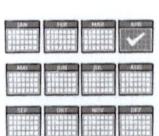

Nisan
April

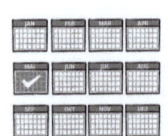

Mayıs
Mei

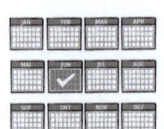

Haziran
Juni

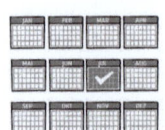

Temmuz
Juli

Ağustos
Agustus

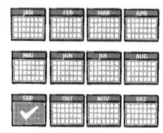

Eylül

September

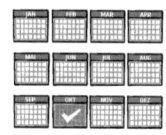

Ekim

Oktober

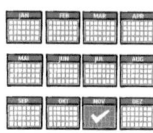

Kasım

November

Aralık

Desember

şekiller
bentuk

daire

lingkaran

kare

persegi

dikdörtgen

persegi panjang

üçgen

segi tiga

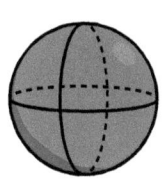

küre

bola

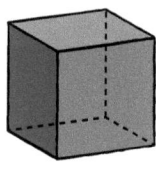

küp

kubus

warna-warna

beyaz

putih

sarı

kuning

turuncu

oranye

pembe

pink

kırmızı

merah

mor

ungu

mavi

biru

yeşil

hijau

kahverengi

coklat

gri

abu-abu

siyah

hitam

çok / az

banyak / sedikit

kızgın / sakin

marah / tenang

güzel / çirkin

cantik / jelek

başlangıç / son

mulaih / selesai

büyük / küçük

besar / kecil

parlak / karanlık

terang / gelap

erkek kardeş / kız kardeş

saudara laki-laki / saudara perempuan

temiz / kirli

bersih / kotor

tamam / eksik

lengkap / tidak lengkap

gün / gece

hari / malam

ölü / canlı

mati / hidup

geniş / dar

luas / sempit

yenilebilir / yenilemez

dapat dimakan / tidak dapat dimakan

kötü / iyi

jahat / baik

heyecanlı / sıkılmış

bersemangat / bosan

şişman / zayıf

gemuk / kurus

ilk / son

pertama / terakhir

dost / düşman

teman / musuh

dolu / boş

penuh / kosong

sert / yumuşak

keras / lembut

ağır / hafif

berat / enteng

açlık / susuzluk

lapar / haus

hasta / sağlıklı

sakit / sehat

yasa dışı / yasal

ilegal / legal

zeki / aptal

cerdas / bodoh

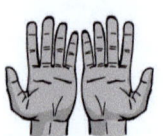

sol / sağ

kiri / kanan

yakın / uzak

dekat / jauh

yeni / kullanılmış

baru / bekas

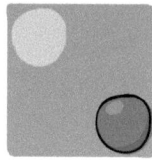

hiçbir şey / bir şey

tidak ada apapun / sesuatu

yaşlı / genç

tua / muda

açma / kapama

nyala / mati

açık / kapalı

buka / tutup

sessiz / gürültülü

tenang / keras

zengin / fakir

kaya / miskin

doğru / yanlış

benar / salah

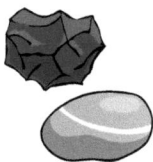

pürüzlü / düz

kasar / halus

üzgün / mutlu

sedih / gembira

kısa / uzun

pendek / panjang

yavaş / hızlı

pelan-pelan / cepat

ıslak / kuru

basah / kering

sıcak / serin

hangat / sejuk

savaş / barış

perang / damai

0

sıfır

nol

1

bir

satu

2

iki

dua

3

üç

tiga

4

dört

empat

5

beş

lima

6

altı

enam

7

yedi

tujuh

8

sekiz

delapan

9

dokuz

sembilan

10

on

sepuluh

11

on bir

sebelas

12

on iki

duabelas

13

on üç

tigabelas

14

on dört

empatbelas

15

on beş

limabelas

16

on altı

enambelas

17

on yedi

tujuhbelas

18

on sekiz

delapanbelas

19

on dokuz

sembilanbelas

20

yirmi

duapuluh

100

yüz

seratus

1.000

bin

seribu

1.000.000

milyon

juta

bahasa-bahasa

İngilizce

Inggris

Amerikan İngilizcesi

bahasa Inggris Amerika

Çince (Mandarin)

bahasa Cina Mandarin

Hintçe

bahasa Hindi

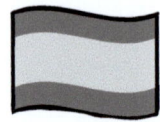

İspanyolca

bahasa Spanyol

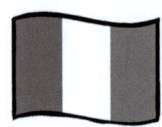

Fransızca

bahasa Perancis

Arapça

bahasa Arab

Rusça

bahasa Rusia

Portekizce

bahasa Portugis

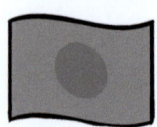

Bengalce

bahasa Bengal

Almanca

bahasa Jerman

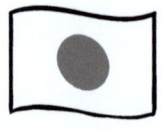

Japonca

bahasa Jepang

ben

saya

sen

kamu

o

dia

biz

kita

siz

kalian

onlar

mereka

kim?

siapa?

ne?

apa?

nasıl?

begaimana?

nerede?

dimana?

ne zaman?

kapan?

isim

nama

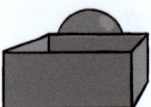

arkasında

dibelakang

içinde

di

önünde

didepan

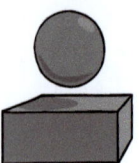

üzerinde

diatas

üstünde

diatas

altında

dibawah

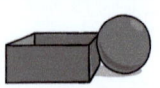

yanında

sebelah

arasında

di antara

yer

tempat